A Moment's Halt a momentary taste
Of Being from the Well amid the Waste--
And Lo!--the phantom Caravan has reach'd
The Nothing it set out from--Oh, make haste!

این قافله‌ی عمر عجب می‌گذرد
دریاب دمی که با طرب می‌گذرد؟
ساقی غم فردای حریفان چه خوری
پیش آر پیاله را که شب می‌گذرد

آنان که محیط فضل و آداب شدند

در جمع کمال شمع اصحاب شدند

ره زین شب تاریک نبردند برون

گفتند فسانه‌ای و در خواب شدند.

The Revelations of Devout and Learn'd
Who rose before us, and as Prophets burn'd, Are all
but Stories, which, awoke from Sleep,
They told their comrades, and to Sleep return'd.

این کهنه رباط را که عالم نام است
و آرامگه ابلق صبح و شام است
بزمی‌ست که واماندهٔ صد جمشید است
قصری‌ست که تکیه‌گاه صد بهرام است

Think, in this batter'd Caravanserai

Whose Portals are alternate Night and Day,

How Sultan after Sultan with his Pomp

Abode his destined Hour, and went his way.

نان که اسیر عقل و تمیز شدند در حسرت هست و نیست ناچیز شدند

رو باخبرا تو آب انگور گزین کان بی خبران ز غوره میویسه شدند

Waste not your Hour, nor in the vain pursuit

Of This and That endeavour and dispute;

Better be jocund with the fruitful Grape

Than sadden after none, or bitter, Fruit.

چون لاله به نوروز قدح گیر به دست
با لاله رخی اگر تو را فرصت هست
می نوش به خرمی که این چرخ کهن
ناگاه تو را چو خاک گرداند پست

There was the Door to which I found no Key;
There was the Veil through which I might not see:
Some little talk awhile of Me and Thee
There was--and then no more of Thee and Me.

چندان بخورم شراب، کاین بوی شراب
آید ز تراب، چون روم زیر تراب
گر بر سر خاک من رسد مخموری
از بوی شراب من شود مست و خراب

That ev'n my buried Ashes such a snare

Of Vintage shall fling up into the Air

As not a True-believer passing by

But shall be overtaken unaware.

یاران چو به اتفاق میعاد کنید،
باید که ز دوست یاد بسیار کنید؛
چون باده‌ی خوشگوار نوشید به هم،
نوبت چو به ما رسد نگونسار کنید

And when like her, oh, Saki, you shall pass

Among the Guests Star-scatter'd on the Grass,

And in your joyous errand reach the spot

Where I made One turn down an empty Glass!

افسوس که نامهٔ جوانی طی شد

و آن تازه بهار زندگانی دی شد

آن مرغ طرب که نام او بود شباب

افسوس ندانم که کی آمد کی شد

Yet Ah, that Spring should vanish with the Rose!
That Youth's sweet-scented manuscript should close!
The Nightingale that in the branches sang,
Ah, whence, and whither flown again, who knows!

چون عهده نمی‌شود کسی فردا را
حالی خوش دار این دل پرسودا را
می نوش به ماهتاب ای ماه که ماه
بسیار بتابد و نیابد ما را

Yon rising Moon that looks for us again--
How oft hereafter will she wax and wane;
How oft hereafter rising look for us
Through this same Garden--and for one in vain!

توبه مکن از می اگرت می باشد

صد توبه ندامات در پی باشد

گل جامه دران و بلبلان ناله زنان

در وقت چنین توبه روا کی باشد

Indeed, indeed, Repentance of before
I swore--but was I sober when I swore?
And then and then came Spring, and Rose-inhand
My thread-bare Penitence apieces tore.

با آنکه شراب پرده ما بدرید
تا جان دارم نخواهم از باده برید
من در عجبم زمی فروشان کایشان
به زانچه فروشند چه خواهند خرید

And much as Wine has play'd the Infidel,

And robb'd me of my Robe of Honour Well,

I wonder often what the Vintners buy

One half so precious as the stuff they sell

گر من ز می مغانه مستم، هستم،

هر طایفه‌ای به من گمانی دارد،

گر کافر و گبر و بت پرستم، هستم،

من زان خودم، چنان که، هستم، هستم.

That ev'n my buried Ashes such a snare

Of Vintage shall fling up into the Air

As not a True-believer passing by

But shall be overtaken unaware.

طبعم بنماز و روزه چون مایل شد؛

گفتم که مراد کلّیم حاصل شد

افسوس که این وضو بکوزی بشکست

وین روزه به نیم جرعه می باطل شد!

Indeed the Idols I have loved so long
Have done my credit in this World much wrong:
Have drown'd my Glory in a shallow Cup
And sold my Reputation for a Song.

ماه رمضان برفت و شوّال آمد

هنگام نشاط و عیش و قوّال آمد

آمد که آنکه حیکها اندر دوش

کویند که « پشت پشت حمّال آمد»

So while the Vessels one by one were speaking,

The little Moon look'd in that all were seeking:

And then they jogg'd each other, "Brother!

Brother!

Now for the Porter's shoulder-knot a-creaking!"

چون درگذرم به باده شویید مرا
تلقین ز شراب ناب گویید مرا

خوابیده به روز حشر یابید مرا؟
از خاک در میکده جویید مرا

Ah, with the Grape my fading Life provide,
And wash the Body whence the Life has died,
And lay me, shrouded in the living Leaf,
By some not unfrequented Garden-side.

روزی که نهال عمر من کنده شود،
و اجزام ز یکدگر پراکنده شود؛
گر زان که صراحی کنند از گل من،
حالی که ز باده پر کنی زنده شود

"Well," Murmur'd one, "Let whoso make or buy,
My Clay with long Oblivion is gone dry:
But fill me with the old familiar juice,
Methinks I might recover by and by."

در کارگه کوزه‌گری رفتم دوش

دیدم دو هزار کوزه گویا و خموش

ناگاه یکی کوزه برآورد خروش

کو کوزه‌گر و کوزه‌خر و کوزه‌فروش

Shapes of all Sorts and Sizes, great and small,
That stood along the floor and by the wall;
And some loquacious Vessels were; and some
Listen'd perhaps, but never talk'd at all.

دارنده چو ترکیب طبایع آراست

از بهر چه او فکندش اندر کم و کاست

گر نیک آمد شکستن از بهر چه بود

ور نیک نیامد این صور عیب که راست

After a momentary silence spake

Some Vessel of a more ungainly Make;

"They sneer at me for leaning all awry:

What! did the Hand then of the Potter shake?"

ترکیب پیاله‌ای که در هم پیوست
بشکستن آن روا نمی‌دارد مست
چندین سر و پای نازنین از سر دست
بر مهر که پیوست و به کین که شکست

Then said a Second--"Ne'er a peevish Boy
Would break the Bowl from which he drank in joy,
And He that with his hand the Vessel made
Will surely not in after Wrath destroy."

جامی است که عقل آفرین می‌زندش
صد بوسه ز مهر بر جبین می‌زندش
این کوزه‌گر دهر چنین جام لطیف
می‌سازد و باز بر زمین می‌زندش

Said one among them "Surely not in vain
My substance of the common Earth was ta'en
And to this Figure moulded, to be broke,
Or trampled back to shapeless Earth again."

با سرو قدی تازه تر از خرمن گل

از دست مده جام می و دامن گل

زان پیش که ناگه شود از باد اجل

پیراهن عمر تو چو پیراهن گل

بر کوزه‌گری پریر کردم گذری،
از خاک همی نمود هر دم هنری؛
من دیدم اگر ندید هر بی‌بصری،
خاک پدرم در کف هر کوزه‌گری.

As under cover of departing Day

Slunk hunger-stricken Ramazan away,

Once more within the Potter's house alone

I stood, surrounded by the Shapes of Clay.

من بنده عاصیم؛ رضای تو کجاست؟

تاریک دلم؛ نور و صفای تو کجاست؟

ما را تو بهشت اگر بطاعت بخشی؛

این بیع بود، لطف و عطای تو کجاست؟!.

Oh, Thou who Man of baser Earth didst make,
And ev'n with Paradise devise the Snake:
For all the Sin wherewith the Face of Man
Is blacken'd--Man's forgiveness give--and take!

بر رهگذرم هزار جا دام نهی   گویی که بگیرمت اگر گام نهی

یک ذره جهان ز حکم تو خالی نیست   حکمم تو کنی و عاصیم نام نهی!

Oh, Thou, who didst with pitfall and with gin

Beset the Road I was to wander in,

Thou wilt not with Predestined Evil round

Enmesh, and then impute my Fall to Sin!

با تو به خرابات اگر گویم راز،

به زان که به محراب کنم بی تو نماز

ای اول و ای آخر خلقان همه تو،

خواهی تو مرا بسوز و خواهی بنواز

And this I know: whether the one True Light

Kindle to Love, or Wrath-consume me quite,

One Flash of It within the Tavern caught

Better than in the Temple lost outright.

چون جود ازل بود مرا انشاء کرد

بر من ز نخست درس عشق املاء کرد

آن گاه قراصه ریزه قلب مرا

مفتاح در خزاین معنا کرد

The Vine had struck a fibre: which about

If clings my being--let the Dervish flout;

Of my Base metal may be filed a Key,

That shall unlock the Door he howls without.

دریاب که از روح جدا خواهی رفت

در پرده اسرار فنا خواهی رفت

می نوش ندانی از کجا آمده‌ای

خوش باش ندانی به کجا خواهی رفت

Yesterday This Day's Madness did prepare;

To-morrow's Silence, Triumph, or Despair:

Drink! for you know not whence you came, nor why:

Drink! for you know not why you go, nor where

ای دل چو حقیقت جهان، هست مجاز،
چندین چه بری خواری ازین رنج دراز!

تن را به قضا سپار و با درد بساز،
کاین رفته قلم ز بهر تو ناید باز

With Earth's first Clay They did the Last Man knead,

And there of the Last Harvest sow'd the Seed:

And the first Morning of Creation wrote

What the Last Dawn of Reckoning shall read.

نیکی و بدی که در نهاد بشر است
شادی و غمی که در قضا و قدر است
با چرخ مکن حواله کاندر ره عقل
چرخ از تو هزار بار بیچاره تر است

And that inverted Bowl they call the Sky,

Whereunder crawling coop'd we live and die,

Lift not your hands to It for help--for It

As impotently moves as you or I.

زین پیش نشان بودنی‌ها است بودست،

پیوستهٔ قلم ز نیک و بد آسودست،

اندر تقدیر آنچه بایست بداد

غم خوردن و کوشیدن ما بیهودست.

The Moving Finger writes; and, having writ,

Moves on: nor all your Piety nor Wit

Shall lure it back to cancel half a Line,

Nor all your Tears wash out a Word of it.

ای رفته به چوگان قضا، همچون گو
چپ میخور و راست میرو و هیچ مکو
کان کس که تو را فکنده اندر تک و پو
او داند و او داند و او داند و او

The Ball no question makes of Ayes and Noes,

But Here or There as strikes the Player goes;

And He that toss'd you down into the Field,

He knows about it all--He knows--HE knows!

می خور که به زیر گل بسی خواهی خفت،
بی مونس و بی رفیق و بی همدم و جفت؛
زنهار به کس مگو تو این راز نهفت:
هر لاله که پژمرد، نخواهد بشکفت.

Oh, threats of Hell and Hopes of Paradise!

One thing at least is certain--This Life flies;

One thing is certain and the rest is Lies;

The Flower that once has blown for ever dies.

تاکی ز چراغ مسجد و دود کنشت؟

تاکی ز زیان دوزخ و سود بهشت؟

رو بر سر لوح بین که استاد قضا

اندر ازل آن چه بودنی بود، نوشت.

I must abjure the Balm of Life, I must,
Scared by some After-reckoning ta'en on trust,
Or lured with Hope of some Diviner Drink,
To fill the Cup--when crumbled into Dust!

این چرخ فلک که ما در او حیرانیم
فانوس خیال از او مثالی دانیم
خورشید چراغ دان و عالم فانوس
ما چون صوریم، کاندر او حیرانیم

We are no other than a moving row

Of Magic Shadow-shapes that come and go

Round with the Sun-illumined Lantern held

In Midnight by the Master of the Show;

گردون نگری ز قد فرسوده‌ی ماست

جیحون اثری ز اشک پالوده‌ی ماست

دوزخ شرری ز رنج بیهوده‌ی ماست

فردوس دمی ز وقت آسوده‌ی ماست

Heav'n but the Vision of fulfill'd Desire,
And Hell the Shadow from a Soul on fire,
Cast on the Darkness into which Ourselves,
So late emerged from, shall so soon expire.

آنان که محیط فضل و آداب شدند
در جمع کمال شمع اصحاب شدند
ره زین شب تاریک نبردند برون
گفتند فسانه‌ای و در خواب شدند

The Revelations of Devout and Learn'd
Who rose before us, and as Prophets burn'd,
Are all but Stories, which, awoke from Sleep,
They told their comrades, and to Sleep return'd.

از جملهٔ رفتگان این راه دراز

باز آمده کیست تا به ما گوید راز

پس بر سر این دوراههٔ آز و نیاز

تا هیچ نمانی که نمی آیی باز

Strange, is it not? that of the myriads who

Before us pass'd the door of Darkness through,

Not one returns to tell us of the Road,

Which to discover we must travel too.

ماییم و می و مطرب و این کنج خراب

جان و دل و جام و جامه پر درد شراب

فارغ ز امید رحمت و بیم عذاب

آزاد ز خاک و باد و از آتش و آب

With wine and minstrel in this nook we fare,

For Wine are pawned our cup and heart and wear;

Relieved of hope for grace, of fear of hell,

Not heeding earth or water, fire or air!

تا چند زنم به روی دریاها خشت؟   بیزار شدم ز بت پرستان کنشت

خیام که گفت دوزخی خواهد بود   که رفت به دوزخ و که آمد ز بهشت

Why, be this Juice the growth of God, who dare

Blaspheme the twisted tendril as a Snare?

A Blessing, we should use it, should we not?

And if a Curse why, then, Who set it there?

هر جرعه که ساقیش بخاک افشاند
در سینه خاک آتش غم بنشاند
سبحان الله تو باده می پنداری
آبی که ز صد درد دلت برهاند

And not a drop that from our Cups we throw

For Earth to drink of, but may steal below

To quench the fire of Anguish in some Eye

here hidden--far beneath, and long ago.

می خور که ز دل کثرت و قلت ببرد

و اندیشه هفتاد و دو ملت ببرد

پرهیز مکن ز کیمیایی که از او

یک جرعه خوری هزار علت ببرد

The Grape that can with Logic absolute

The Two-and-Seventy jarring Sects confute:

The sovereign Alchemist that in a trice

Life's leaden metal into Gold transmute:

سرمست به میخانه گذر کردم دوش
پیری دیدم مست و سبویی بر دوش
گفتم که چرا نداری از یزدان شرم
گفتا که کریم است خدا باده بنوش

And lately, by the Tavern Door agape,

Came shining through the Dusk an Angel Shape

Bearing a Vessel on his Shoulder; and

He bid me taste of it; and 'twas--the Grape!

از دی که گذشت هیچ از او یاد مکن
فردا که نیامده ست فریاد مکن
بر نامده و گذشته بنیاد مکن
حالی خوش باش و عمر بر باد مکن

Ah, but my Computations, People say,

Reduced the Year to better reckoning?--Nay

'Twas only striking from the Calendar

Unborn To-morrow, and dead Yesterday.

من ظاهر نیستی و، هستی دانم،
من باطن هر فراز و پستی دانم؛
با این همه از دانش خود شرمم باد،
گر مرتبه‌ای ورای مستی دانم

For "Is" and "Is-not" though with Rule and Line
And "Up" and "Down" by Logic I define,
Of all that one should care to fathom,
Was never deep in anything but Wine.

امشب می جام یک منی خواهم کرد،

خود را به دو جام می غنی خواهم کرد؛

اول سه طلاق عقل و دین خواهم داد،

پس دختر رز را به زنی خواهم کرد.

You know, my Friends, with what a brave Carouse

I made a Second Marriage in my house;

Divorced old barren Reason from my Bed

And took the Daughter of the Vine to Spouse.

آنان که اسیر عقل و تمییز شدند،
در حسرت هست و نیست ناچیز شدند؛
رو با خبرا، تو آب انگور گزین،
کان بی خبران به غوره مویز شدند!

Waste not your Hour, nor in the vain pursuit

Of This and That endeavour and dispute;

Better be jocund with the fruitful Grape

Than sadden after none, or bitter, Fruit.

از هر چه بجز می است کوتاهی به
می هم ز کف بتان خرگاهی به
مستی و قلندری و گمراهی به
یک جرعه می ز ماه تا ماهی به

Whose secret Presence, through Creation's veins
Running Quicksilver-like eludes your pains;
Taking all shapes from Mah to Mahi; and
They change and perish all--but He remains;

از منزل کفر تا به دین، یک نفس است،
وز عالم شک تا به یقین، یک نفس است،
این یک نفس عزیز را خوش می‌دار،
کز حاصل عمر ما، همین یک نفس است.

Would you that spangle of Existence spend
About the Secret--Quick about it, Friend!
A Hair perhaps divides the False and True--
And upon what, prithee, may life depend?

این قافلهٔ عمر عجب می‌گذرد
دریاب دمی که با طرب می‌گذرد؟
ساقی غم فردای حریفان چه خوری
پیش آر پیاله را که شب می‌گذرد

A Moment's Halt--a momentary taste
Of Being from the Well amid the Waste--
And Lo!--the phantom Caravan has reach'd
The Nothing it set out from--Oh, make haste!

یک قطرهٔ آب بود با دریا شد
یک ذرهٔ خاک با زمین یکتا شد
آمد شدن تو اندر این عالم چیست؟
آمد مگسی پدید و ناپیدا شد

When You and I behind the Veil are past,
Oh, but the long, long while the World shall last,
Which of our Coming and Departure heeds
As the Sea's self should heed a pebble-cast.

خیام اگر چه خرگه چرخ کبود

زد خیمه و در بست در گفت و شنود

چون شکل حباب باده در جام وجود

ساقی ازل هزار خیام نمود

And fear not lest Existence closing your

Account, and mine, should know the like no more;

The Eternal Saki from that Bowl has pour'd

Millions of Bubbles like us, and will pour.

خیام، تنت بخیمه‌ای ماند راست،   جان سلطانی که منزلش دار بقاست،

فرّاش ازل ز بهر دیگر منزل   این خیمه بیفکند چو سلطان برخاست.

'Tis but a Tent where takes his one day's rest

A Sultan to the realm of Death addrest;

The Sultan rises, and the dark Ferrash

Strikes, and prepares it for another Guest.

در دایرهٔ سپهر ناپیدا غور
جامی ست که جمله را چشانند به دور

نوبت چو به دور تو رسد آه مکن
می نوش به خوشدلی که دور است نه جور

'So when that Angel of the darker Drink

At last shall find you by the river-brink,

And, offering his Cup, invite your Soul

Forth to your Lips to quaff you shall not shrink.

خیام اگر ز باده مستی خوش باش

با ماه رخی اگر نشستی خوش باش

چون عاقبت کار جهان نیستی است

انگار که نیستی، چو هستی خوش باش.

'And if the Wine you drink, the Lip you press
End in what All begins and ends in--Yes;
Think then you are To-day what Yesterday
You were--To-morrow You shall not be less.

ایام زمانه از کسی دارد ننگ   کو در غم ایّام نشیند دل تنگ

می خور تو در آبگینه با نالهٔ چنگ   زان پیش که آبگینه آید بر سنگ

'Perplext no more with Human or Divine,
To-morrow's tangle to the winds resign,
And lose your fingers in the tresses of
The Cypress--slender Minister of Wine

چون لاله به نوروز قدح گیر به دست
با لاله رخی اگر تو را فرصت هست
می نوش به خرمی که این چرخ کهن
ناگاه تو را چو خاک گرداند پست

'As then the Tulip for her morning sup
Of Heav'nly Vintage from the soil looks up,
Do you devoutly do the like, till Heav'n
To Earth invert you--like an empty Cup.

هر جرعه که ساقیش بخاک افشاند،

در دیده ی گرم، آتش غم بنشاند.

سبحان الله.. تو باد مپنداری

آبی که ز صد درد دلت برهاند..!؟

The mighty Mahmud, Allah-breathing Lord

That all the misbelieving and black Horde

Of Fears and Sorrows that infest the Soul

Scatters before him with his whirlwind Sword.

در کارگه کوزه‌گری کردم رای

در پایه چرخ دیدم استاد به پای

می‌کرد دلیر کوزه را دسته و سر

از کله پادشاه و از دست گدای

'And has not such a Story from of Old

Down Man's successive generations roll'd

Of such a clod of saturated Earth

Cast by the Maker into Human mould?.

بر سنگ زدم دوش سبوی کاشی
سرمست بدم که کردم این عیاشی
با من به زبان حال می‌گفت سبو:
من چون تو بدم، تو نیز چون من باشی

این کوزه چو من عاشق زاری بوده‌ست

در بند سر زلف نگاری بوده‌ست

این دسته که بر گردن او می‌بینی

دستی‌ست که بر گردن یاری بوده‌ست

'I think the Vessel, that with fugitive

Articulation answer'd, once did live,

And drink; and Ah! the passive Lip I kiss'd,

How many Kisses might it take--and give!

لب بر لب کوزه بردم از غایت آز،

تا زو طلبم واسطهٔ عمر دراز،

لب بر لب من نهاد و می‌گفت به راز:

می خور، که بدین جهان نمی‌آیی باز!

Then to the lip of this poor earthen Urn
I lean'd, the Secret of my Life to learn:
And Lip to Lip it murmur'd--"While you live
Drink!--for, once dead, you never shall return."

آن بی‌خبران که در معنی سفتند،

در چرخ به انواع سخن‌ها گفتند؛

آگه چو نگشتند بر اسرار جهان،

اول زنخی زدند و آخر خفتند!

Then of the Thee in Me works behind

The Veil, I lifted up my hands to find

A Lamp amid the Darkness; and I heard,

As from Without--"The Me Within Thee Blind!"

اسرار ازل را نه تو دانی و نه من،
وین حرف معمّا نه تو خوانی و نه من؛
هست از پس پرده گفت و گوی من و تو،
چون پرده برافتد، نه تو مانی و نه من

There was the Door to which I found no Key;

There was the Veil through which I might not see:

Some little talk awhile of Me and Thee

There was-and then no more of Thee and Me.

این کوزه چو من عاشق زاری بوده‌ست

در بند سر زلف نگاری بوده‌ست

این دسته که بر گردن او می‌بینی

دستی‌ست که بر گردن یاری بوده‌ست

Up from Earth's Centre through the Seventh Gate

I rose, and on the Throne of Saturn sate;

And many a Knot unravel'd by the Road;

But not the Master-knot of Human Fate.

اگر آمدنم به خود بدی، نامدمی
ور نیز شدن بمن بدی، کی شدمی
به زان نبدی که اندر این دیر خراب
نه آمدمی، نه شدمی، نه بدمی

What, without asking, hither hurried Whence?

And, without asking, Whither hurried hence!

Oh, many a Cup of this forbidden Wine

Must drown the memory of that insolence!

آوردم به اضطرارم اوّل به وجود،
جز حیرتم از حیات چیزی نفزود،
رفتیم به اکراه و ندانیم چه بود
زین آمدن و بودن و رفتن مقصود!

Into this Universe, and Why not knowing

Nor Whence, like Water willy-nilly flowing;

And out of it, as Wind along the Waste,

I know not Whither, willy-nilly blowing.

بازی بودم پریده از عالم راز؛   شاید که برم ره از نشیبی بفراز،

اینجا چو نیافتم کسی محرم راز؛   زان در که در آمدم برون رفتم باز.

With them the seed of Wisdom did I sow,

And with mine own hand wrought to make it grow;

And this was all the Harvest that I reap'd--

"I came like Water, and like Wind I go."

یک چند به کودکی به استاد شدیم
یک چند به استادی خود شاد شدیم
پایان سخن شنو که ما را چه رسید
از خاک درآمدیم و بر باد شدیم

Myself when young did eagerly frequent
Doctor and Saint, and heard great argument
About it and about: but evermore
Came out by the same door where in I went.

آنان که ز پیش رفته‌اند ای ساقی،

در خاک غرور خفته‌اند ای ساقی،

رو باده خور و حقیقت از من بشنو:

باد است هر آن چه گفته‌اند ای ساقی

Why, all the Saints and Sages who discuss'd
Of the Two Worlds so wisely-they are thrust
Like foolish Prophets forth; their Words to Scorn
Are scatter'd, and their Mouths are stopt with Dust.

قومی متفکرند اندر ره دین
قومی به گمان فتاده در راه یقین
می‌ترسم از آن که بانگ آید روزی
کای بی‌خبران راه نه آنست و نه این

Alike for those who for To-day prepare,
And those that after some To-morrow stare,
A Muezzin from the Tower of Darkness cries
"Fools! your Reward is neither Here nor There."

مگذار که غصه در کنارت گیرد
و اندوه محال روزگارت گیرد
مگذار دمی کنار آب و لب کشت
زان پیش که خاک در حصارت گیرد

Ah, make the most of what we yet may spend,
Before we too into the Dust descend;
Dust into Dust, and under Dust to lie
Sans Wine, sans Song, sans Singer, and–sans End!

یاران موافق همه از دست شدند

در پای اجل یکان یکان پست شدند

خوردیم ز یک شراب در مجلس عمر

دوری دو سه پیش‌تر ز ما مست شدند

For some we loved, the loveliest and the best

That from his Vintage rolling Time hath prest,

Have drunk their Cup a Round or two before,

And one by one crept silently to rest.

ای دوست بیا تا غم فردا نخوریم
وین یک دم عمر را غنیمت شمریم
فردا که ازین دیر فنا درگذریم
با هفت هزار سالگان سر به سریم

Ah, my Belov'ed fill the Cup that clears

To-day Past Regrets and Future Fears:

To-morrow!--Why, To-morrow I may be

Myself with Yesterday's Sev'n Thousand Years.

هر سبزه که بر کنار جویی رست هست
گویی ز لب فرشته خویی رست هست
پا بر سر سبزه، تا به خواری ننهی
کان سبزه ز خاک لاله رویی رست هست

And this reviving Herb whose tender Green

Fledges the River-Lip on which we lean--

Ah, lean upon it lightly! for who knows

From what once lovely Lip it springs unseen!

در هر دشتی که لاله زاری بوده ست
از سرخی خون شهریاری بوده ست
هر شاخ بنفشه کز زمین می روید
خالی ست که بر رخ نگاری بوده ست

I sometimes think that never blows so red

The Rose as where some buried Caesar bled;

That every Hyacinth the Garden wears

Dropt in her Lap from some once lovely Head.

آن قصر که جمشید در او جام گرفت
آهو بچه کرد و روبه آرام گرفت
بهرام که گور می‌گرفتی همه عمر
دیدی که چگونه گور بهرام گرفت

They say the Lion and the Lizard keep

The Courts where Jamshyd gloried and drank deep:

And Bahram, that great Hunter--the Wild Ass

Stamps o'er his Head, but cannot break his Sleep.

این کهنه رباط را که عالم نام است
و آرامگه ابلق صبح و شام است
بزمیست که واماندهٔ صد جمشید است
قصریست که تکیه‌گاه صد بهرام است

Think, in this batter'd Caravanserai

Whose Portals are alternate Night and Day,

How Sultan after Sultan with his Pomp

Abode his destined Hour, and went his way.

دنیا همه سر به سر ترا خواسته گیر   صد گنج زر از رنج تن آراسته گیر

پس بر سر آن گنج چو بر صحرا برف   روزی دو سه بنشسته و برخاسته گیر

The Worldly Hope men set their Hearts upon

Turns Ashes--or it prospers; and anon,

Like Snow upon the Desert's dusty Face,

Lighting a little hour or two--is gone.

زان پیش که بر سرت شبیخون آرند
فرمای که تا بادهٔ گلگون آرند
تو زر نه‌ای ای غافل نادان که تو را
در خاک نهند و باز بیرون آرند

And those who husbanded the Golden grain,

And those who flung it to the winds like Rain,

Alike to no such aureate Earth are turn'd

As, buried once, Men want dug up again.

گویند کسان بهشت با حور خوش است
من می‌گویم که آب انگور خوش است

این نقد بگیر و دست از آن نسیه بدار
کآواز دهل شنیدن از دور خوش است

Some for the Glories of This World; and some

Sigh for the Prophet's Paradise to come;

Ah, take the Cash, and let the Credit go,

Nor heed the rumble of a distant Drum!

تنگی می لعل خواهم و دیوانی،
سدّ رمقی باید و نصف نانی،
وانگه من و تو نشسته در ویرانی،
خوشتر بود آن ز مملکت سلطانی

A Book of Verses underneath the Bough,

A Jug of Wine, a Loaf of Bread--and Thou

Beside me singing in the Wilderness--

Oh, Wilderness were Paradise enow!

این چرخ که با کسی نمی‌گوید راز،
کشته به ستم هزار محمود و ایاز.
می‌خور که به کس عمر دوباره ندهند،
هر کس که شد از جهان نمی‌آید باز.

With me along the strip of Herbage strown

That just divides the desert from the sown,

Where name of Slave and Sultan is forgot--

And Peace to Mahmud on his golden Throne!

هر روز بر آنم که کنم شب توبه
از جام و پیالهٔ لبالب توبه
اکنون که رسید وقت گل ترکم ده
در موسم گل ز توبه یا رب توبه

Come, fill the Cup, and in the fire of Spring

Your Winter-garment of Repentance fling:

The Bird of Time has but a little way

To flutter--and the Bird is on the Wing.

Kidsocado Publishing House
Vancouver, Canada

Phone: +1 (833) 633 8654
WhatsApp: +1 (236) 333 7248
Email: info@kidsocado.com
https:/kidsocado.com